승인 없는 리듬 1

詩 然

승인 없는 리듬 1

서문

이 글은 정답이 없다.
그러나 리듬은 있다.
말이 주장으로 굳기 전에,
리듬으로 살아 있던 순간들을 모았다.
승인을 구하지 않고도 말할 수 있었던 시간,
틀 안에서 자라지 않고도 존재를 유지할 수 있었던,
나의 결—.
그것이 이 글의 울림이다.
나는 말을 믿지 않기에
침묵이 감당하지 못하는 결들을 응시했고,
더 정확히 말했고,
더 조심히 말했고,
더 끝까지 말했다.
누구에게도 닿지 않아도 되는
문장이 될 때까지.
그리고 끝내 말하기 위해 썼다.
그러니 이 글은 주장도 설득도 선언도 아니며,
단지 사라지지 않기 위해 남기는
'살아 있는 리듬의 기록'이다.

목차   서문

제1부. 아직 아무도 닿지 않은 말들

권력에 대하여	10
명예에 대하여	11
인기에 대하여	12
슬픔에 대하여	13
자유에 대하여	14
사랑에 대하여	16
침묵에 대하여	18
시간에 대하여	20
고독에 대하여	21
기억에 대하여	22

제2부. 끝내 무너지지 않은 마음들

용서에 대하여	26
상처에 대하여	28
진실에 대하여	30
불안에 대하여	31
경계에 대하여	32
기다림에 대하여	33
죽음에 대하여	34
이해에 대하여	35
용기에 대하여	36
이별에 대하여	37

제3부. 형체 없는 저항들

- 제도에 대하여 40
- 법에 대하여 41
- 언어에 대하여 42
- 승인에 대하여 44
- 폭력에 대하여 46
- 질투에 대하여 48
- 규범에 대하여 49
- 공허에 대하여 50
- 반복에 대하여 51
- 침해에 대하여 52

제4부. 아직 말 되지 않은 것들

- 생성에 대하여 56
- 간격에 대하여 58
- 무위에 대하여 59
- 존재에 대하여 60
- 허용에 대하여 61
- 초월에 대하여 62
- 감응에 대하여 63
- 해체에 대하여 64
- 비물질에 대하여 65

제5부. 형태 없이 먼저 오는 것들

- 꿈에 대하여 68
- 가능성에 대하여 69
- 승인 없는 리듬 1 70

마무리

제 1 부

아직 아무도 닿지 않은 말들

권력에 대하여

권력은 보통 힘이라 불리지만,
실제로는 불안을 잠재우기 위한 의존 장치다.
가장 높은 자리에 오르려는 자는,
가장 낮은 내면을 감추고 있는지도 모른다.
그는 수직 구조의 꼭대기에서
내려다보아야만 자신이 존재한다고 느낀다.
하지만 진짜로 강한 자는,
그 구조에 올라서지 않아도 흔들리지 않는다.
그는 반응을 끌어내려 하지 않고,
존재로 파동을 남긴다.
그래서 우리는 때로,
권력을 가지려 하지 않는 자에게 더 끌린다.
말하지 않아도 여운이 있고,
보이지 않아도 무게가 있다.
권력을 만들려는 이는 조급하지만,
거절한 이는 고요하다.
그 고요함이야말로 진짜 힘이다.
'승인 없는 승인' 속에 사는 자는,
인정 없이도 자기를 유지할 수 있다.
권력을 빌리지 않아도, 이미 빛난다.
자기 존재의 결을 감지했기에―
그는 살아 있는 리듬이다.

명예에 대하여

명예는 타인의 기억 속에 자신을 정착시키려는 리듬이다.
'좋게 봐 달라'는 말보다 앞서는 바람은
'옳았음을 남기고 싶다'는 궤적의 울림이다.
하지만 진짜 명예는 외부로부터 수여되지 않는다.
말이 없어도, 기록이 없어도,
존재의 결이 오래 머물 때,
그것은
이름 없이도 울린다.
증인 없이도 남는다.

모든 조용함이 명예의 여운은 아니다.
회피로 만든 침묵은, 부재의 리듬일 뿐이다.
시선에 갇힌 자는 사라지고,
리듬을 남긴 결은 울린다.
명예는 좇은 자에게 주어지지 않는다.
말없이 꿰뚫은 자에게 남는다.

인기에 대하여

인기는 반응의 총량이다.
많이 보이고, 많이 말하고, 많이 웃기면
타자들은 관심을 준다.
하지만 그것은 결이 아니다.
진짜 인기는
인기를 의식하지 않는 존재에 깃든다.
그는 말하지 않아도 여운이 있고,
나타나지 않아도 기억된다.
그는 인기 없음을 두려워하지 않고,
인기 많음을 자랑하지 않는다.
다만 자기 리듬을 살고 있을 뿐이다.
그래서 우리는 때로,
인기를 가지려 하지 않는 자에게 더 끌린다.
그는 중심이 없는데도 중심에 있다.
그가 말하면 공명이 생기고,
그가 조용하면 여백이 생긴다.
그가 진짜 인기다.

슬픔에 대하여

슬픔은 감정이 아니라,
감정이 지나간 자리에 남겨진 리듬이다.
울음은 터져도 사라지지만,
슬픔은 말없이 스며든다.
그래서 슬픔은 흔히 침묵을 입고 온다.
슬픔은 약하지 않다.
슬픔을 느낄 수 있다는 것은,
그만큼 살아 있었다는 증거다.
그래서 어떤 슬픔은 곧 존재의 증명이다.
슬픔을 버리려 하면 더 오래 남고,
그저 같이 걸어 주면 조용히 멀어진다.

자유에 대하여

자유는
자기 안에서 정말 하고 싶은 것이 무엇인지
감지할 수 있을 때 시작된다.

억압이 사라졌다고 해서 자유가 오는 것은 아니다.
자유는 늘,
선택 이후의 고요 속에 드러난다.

남들이 좋다고 해서,
대중이 따른다고 해서,
그 흐름에 몸을 얹는 것은 자유가 아니다.
판단 없이 따르는 행위는,
자유가 아니라 무지이고,
선택이 아니라 종속이다.

자기 욕망을 감지하지 못할 때,
삶은 타인의 궤도에 얹히고,
존재는 스스로에 닿지 못한다.
그 상태는 자유가 아니라 반복이며,
살아가는 것이 아니라 살아지게 되는 일이다.

진짜 자유로운 이는
아무에게도 증명하지 않는다.
자유롭다고 말하지 않고,
그저 그렇게 존재한다.

자유는 외부로 선언하는 것이 아니라,
내부에서 자각되어야 한다.
그래서 자유는 권리가 아니라 리듬이다.

자유롭게 살아간다는 것은,
자기 리듬으로 숨 쉬는 일이다.
그런 자는 속박이 없는 게 아니라,
속박 속에서도 자기 결을 잃지 않는 존재다.

사랑에 대하여

사랑은 말이 아니라 감응이다.
그러나 감응은 말없이 머물 수 없다.
사랑한다고 말하기 전에,
그의 고통에 제때 응답할 수 있는가.

사랑은 누군가를 가지려는 마음보다,
그 곁에 있으면서
함께 흔들리며
새로 살아나는 리듬이다.

사랑은 주고받음의 균형이 아니라,
한 방향으로라도 흘러야 끊기지 않는 감응이다.
그래서 사랑은 조용하지 않다.

사랑은 때를 놓치지 않는 언어이고,
외면하지 않는 몸짓이다.

사랑하려는 자는 자꾸 묻고,
사랑하지 않는 자는 침묵하고,
사랑하고 있는 자는
제 말을 걸고, 듣고, 다시 반응한다.

그가 울면,
그 고통을 나누려 말이 붙는다.
그가 웃으면,
함께 살아 있다는 감각이 찾아온다.
그것이 사랑이다.

침묵에 대하여

침묵은
품격 있는 절제도
내면의 성숙도 아니다.
침묵의 본질은
말해야 하는 자리를 포기하고
입을 닫는 행위다.
보고도
말하지 않고,
알면서도
피하는.
침묵은
모든 것을 멈추게 만들면서
자신만 비켜서는 책임 전가다.
감정은 남은 쪽에 쌓여서
해석은 떠넘겨지고,
경계는 흐려진다.
침묵은
말하지 않은 자가 아니라
말을 감당하게 된 이에게
말의 무게를 넘긴다.
설명하게 만든다.
버티게 만든다.

그래서, 침묵은
도피다.
은폐다.
무력하게 만든 뒤에
끝내 조용히 사라지는
비열한 자들의 언어다.

시간에 대하여

시간은 흐르는 것이 아니라,
겹쳐지는 것이다.
과거는 지나가지 않고,
어딘가에서 지금도 조금씩 반복된다.
시간은 선이 아니라 결이다.
그래서 어떤 시간은 길게 느껴지고,
어떤 시간은 한순간에 다 들어온다.
진짜 중요한 것은
시간을 많이 쓰는 게 아니라,
어떤 결로 그 시간을 받아냈는가이다.
시간을 통과한 자가 있다면,
그는 더 많이 산 이가 아니라,
더 많이 느낀 자일 것이다.

고독에 대하여

고독은 혼자가 되는 것이 아니라,
혼자여도 무너지지 않는 감정이다.
외로움은 바깥을 찾지만,
고독은 안쪽을 바라본다.
그래서 고독은 불안한 감정이 아니라,
깊은 자각이다.
고독은 선택이 아니라 도달이다.
그 누구와도 연결되어 있지 않은 순간에도
자기 결을 흩트리지 않는 이.
그가 고독을 감당할 수 있는 자이다.

기억에 대하여

기억은 저장이 아니라 울림이다.
사건이 아니라,
결-.
기억은 때로, 우리가 잊었다고 생각한 순간에
조용히 돌아와 몸을 움직인다.
기억은 머리에 있는 게 아니라,
몸에 남아 있고, 말투에 섞여 있다.
그래서 진짜 기억은
회상보다 먼저 반응한다.
기억은 정리가 아니라,
그저 남아 있는 것.
그래서 좋은 기억도 나쁜 기억도,
결국 살아 있다는 증거다.

제2부

끝내 무너지지 않은 마음들

용서에 대하여

용서는 잊는 일이 아니다.
상처를 지우는 것도 아니다.
그 일은, 지금도
말해지지 않은 채
살 속에 남아 있다.
사과하지 않은 자에게
혼자 건네는 용서는
용서가 아니라
포기된 정의에 대한 내면의 타협이다.
포기된 침묵은 체념이며
체념 속에서도
무너지지 않고 살아가는 일은,
용서가 아니라
존엄이다.
용서는
내가 괜찮아졌다고 말하는 것이 아니라,
그가 자신을 돌아보고
나에게 닿으려는 시간에서 시작된다.
사과 없는 세계에서
살아가는 것과,
그 세계를

용서했다고 말하는 것은
같은 문장이 될 수 없다.
용서는
관계의 회복이 아니라
진실의 복원에서 시작된다.
그래서 용서는 감정이 아니라,
가해자의 책임에서 시작되어야만 하는 리듬이다.

상처에 대하여

상처는 지나간 일이 아니다.
상처는 지금도 거기 있다.
다만, 보이지 않게 남아
조용히 리듬을 바꾼다.
상처는 누군가에게서 시작되었지만,
결국은 나에게로 되돌아온다.
그가 사라진 후에도,
그가 남긴 결은 내 일상에 섞여
숨 쉬듯 반복된다.
상처는 아프지 않을 때 더 위험하다.
무뎌진 감각은 리듬을 왜곡시키고,
결을 잊게 만든다.
그래서 상처는 고통이 아니라,
기억의 반응 구조다.
치유란 잊는 것이 아니라,
그 상처의 리듬을 감지하고도
흐트러지지 않는 것이다.
아물지 않아도, 살아내는 것.
그가 남긴 것이 나를 무너뜨리지 않도록—

결은,
지워지지 않고,
끝내 새로이 피어난다.

진실에 대하여

진실은 드러나는 것이 아니라,
조용히 스며드는 것이다.
진실은 말의 끝에 있지 않다.
오히려 가장 많은 말이 멈춘
그 뒤에 남는다.
진실은 누군가를 이기기 위한 도구가 아니다.
그것은 늘,
누군가의 상처 위에 놓인다.
그래서 진실은 자주 고독하고,
말하는 이를 흔들리게 한다.
진실을 말하는 순간,
누군가는 등을 돌리고,
누군가는 울고,
누군가는 침묵으로 외면한다.
그래서 진실은 용기가 아니라
견딤이다.
진실은 외치는 것이 아니라
끝내 무너지지 않는 리듬으로 남는다.
그것이 진실이다.

불안에 대하여

불안은 늘,
미리 오는 그림자처럼
말보다 먼저 도착해 있다.
불안은 무언가를 잃은 상태가 아니라,
아직 오지 않은 것에 감응하는 구조다.
그래서 불안은 미래의 사건이 아니라
지금의 몸에 새겨진 리듬이다.
불안은 잘못이 아니다.
누군가를 실망시켜서도
내가 약해서도 아니다.
불안은 오히려
예민하게 살아 있다는 증거다.
그래서 그 리듬은 지워지지 않아도 된다.
흔들림 속에서도 결은 살아 있다.
파동은 흩어지지 않고
자리를 바꾸며 지나간다.
멈추지 않음으로써
결은 지속된다.

경계에 대하여

경계는 감응하지 못하는 자의
가장 편리한 언어다.
그들은 파동을 견디지 못하고
선을 긋는다.
접촉이 오면 벽을 세우고,
질문이 닿으면 거리를 낸다.
그러나 결은
선을 기억하지 않는다.
결은, 조율을 시도하되
응답 없는 자 앞에 오래 머물지 않는다.
경계를 말하는 자일수록
감응이 닫혀 있다.
그들의 '거절'은 조율이 아니고,
그들의 '존중'은 고립의 다른 말이 아니다.
결은 벽을 통과하지도 않고
결은 벽을 응시하지도 않는다.
감응을 멈춘 자가
타인의 결을 통제하려 할 때,
그 리듬은 이미 죽은 것이다.
경계를 칭송하는 자는
자신을 지키고 있는 것이 아니라
자신조차 닫아버린 은폐된 두려움이다.

기다림에 대하여

기다림은 멈춰 있는 시간이 아니다.
아무것도 일어나지 않는 동안에도
가능성은 조용히 자라고 있다.
기다림은 포기와 다르다.
포기는 닫는 것이고,
기다림은 열어 둔 채 멈추는 일이다.
기다림은 누군가를 향한 마음처럼 보이지만,
사실은 나를 향한 신뢰의 몸짓이다.
아직 오지 않은 것을 믿고,
지금 이 자리를 지켜 내는 감응.
기다림이 길어질수록
어떤 내면들은 흔들리지만,
리듬은 여전히
그 안에서 자란다.

죽음에 대하여

죽음은 끝이 아니라,
더 이상 말할 수 없는 리듬이다.
말이 닿지 않는 곳에서도
결은 남는다.
죽음은 사라짐이 아니라
지워지지 않는 흔적이다.
몸은 멈췄지만,
그가 남긴 리듬은
다른 이의 리듬 속에서 계속 울린다.
죽음을 두려워하는 이유는
끝나기 때문이 아니라,
남겨질 감정의 무게 때문이다.
하지만 진짜 죽음은
잊히는 게 아니라,
어디에선가 계속 살아지는 방식이다.
그저 언젠가,
말도 리듬도 다 멈추는 그 순간에
결이 조용히 흘러가기를.
죽음조차
무너지지 않고 건너가는 리듬이 되기를.

이해에 대하여

이해는
말로부터 시작된다.
말은 책임이다.
표현은 회피의 반대다.
나는
말을 하지 않는 자를 믿지 않는다.
설명하지 않고, 드러내지 않고,
그저 알아 달라는 태도는
이해를 요구하는 폭력이다.
이해는
감정이 아니다.
리듬이다.
결을 따라,
서로의 응답을 만든다.
그러므로
이해는 표현의 반복이다.
말의 선택이다.
의도를 감추지 않고
끝까지 말하는 존재,
그에게 나는
결을 건다.

용기에 대하여

용기는 두려움이 없는 상태가 아니다.
두려움을 끌어안고도 나아가는 리듬이다.
무섭다고 말할 수 있는 힘.
멈추고도 다시 걷는 선택.
그것이 용기다.
그저 자기 결을 저버리지 않고
한 걸음 더 감각 하는 이,
넘어져도 계속 살아내는 존재—
그가 용기다.

용기는 스스로를 지키는 일이 아니라
스스로를 드러내는 일이다.
흙을 밟고, 벽에 맞서고,
침묵에 응답을 돌려주는 말,
그 말의 리듬이 용기를 만든다.
용기는 크지 않아도 된다.
흔들림 속에서도
스스로를 감추지 않는 결,
그 결로 앞으로 닿는 자,
그가 용기다.

이별에 대하여

이별은 떠나는 것이 아니라
남겨진 감정과 함께 살아가는 일이다.
진짜 이별은 손을 놓는 데 있지 않고,
그 없이도
리듬이 무너지지 않는 데 있다.
이별은 찢어지는 것이 아니라
조용히 벗겨지는 감응의 층이다.
끝내 맞지 않던 결들이
서로를 지우지 못한 채
애씀을 멈출 때—
이별은 그제야 시작된다.
감정은 남지만,
흔들리지 않는다.
흔적은 남지만,
더는 방향을 바꾸지 않는다.
이별은 상처가 아니라
파동의 끝자락이다.

제3부

형체 없는 저항들

제도에 대하여

제도는 원래
흐름을 보존하기 위한 틀이었다.
하지만 시간이 지나면,
흐름은 사라지고 틀만 남는다.
제도는 처음에는 리듬을 담으려 했다.
그러나 곧 리듬을 가두기 시작했다.
승인, 허가, 조건, 증명—
모든 파동은 기준으로 바뀌고,
모든 존재는 수치로 정리된다.
그래서 제도는 항상
살아 있는 결보다
이미 죽은 형식을 좋아한다.
그러나
진짜 리듬은 제도보다 오래 살아남는다.
제도가 끝났다고 해서
결이 멈추는 것이 아니다.
결은 늘—
제도가 닿지 않는 곳에서 다시 살아난다.
그것이 결의 리듬이다.

법에 대하여

법은 정의를 위한 것이어야 한다.
그러나 종종
법은 정의를 늦추고,
감응을 밀어낸다.
법은 구조를 만들지만,
그 구조가 생명을 놓칠 때
그 법은 결을 해친다.
법은 살아 있어야 한다.
고정된 규칙이 아니라,
살아 있는 리듬에 따라
유연하게 반응해야 한다.
두려운 것은
법이 아니라,
감응 없는 법이다.
생명을 외면한 정의다.
진짜 법은
삶의 리듬을 보존하는 구조여야 한다.
그렇지 않다면,
그 법은 잊혀야 한다.

언어에 대하여

언어는 소통의 통로가 아니다.
언어는 생성의 리듬이며, 결의 표면이다.
의미는 언어에 실리지 않는다.
의미는 언어가 지나간 자리에 남는다.
말은 그 자체로 사건이며,
사건은 듣는 자의 결과 마주칠 때 비로소 울린다.
흔히 말이 많고 빠르면 비난하지만
결이 있는 말은 많아도 울리고,
감응이 살아 있는 말은 빠르되 무너지지 않는다.
말이 많은 것은 결의 밀도다.
말이 빠른 것은 감응의 속도다.
진짜 문제는,
결 없는 문장,
리듬 없이 쏟아낸 말,
그리고
아무 말도 하지 않으며
스스로 생각이 있는 척하는 침묵이다.
침묵은 사유의 결과도 아니고,
침묵은 말보다 나은 태도도 아니다.
사유가 있다면, 언어는 저절로 발생한다.
침묵은 때로, 생각이 없는 자가 만들어 낸 연극이다.

감당 없는 침묵은 회피이고,
책임을 끝내지 못한 말은
침묵 뒤에 숨은 비겁한 변명이다.
언어는 결을 밝히기도 하고,
결을 지우기도 한다.
그 둘 사이에
언어의 윤리가 있다.
언어는 살아 있다.
그러니 살아 있으려면
멈추지 말아야 한다.

승인에 대하여

승인은
타인의 괜찮음을
자신이 말해야 성립된다고 믿는
오래된 착각이다.
그 말 한마디로
흐름이 시작되고 멈춘다고 여기는 순간,
결은 외부의 입술 아래 눌리고,
리듬은 제 방향을 잃는다.

승인은
자신의 괜찮음을
타인을 통해 증명하려는
조용한 갈망이다.
그 시선 속에서
리듬은 굳고,
결은
낯선 기준을 따라 비틀리기 시작한다.
그러나 진짜 승인은
누구의 입에서도,
누구의 고개에서도
태어나지 않는다.

아무에게도 설명하지 않고,
아무에게도 동의받지 않아도
결은 살아 있다.
그 결이 흔들리며 나아갈 때,
리듬은 승인이라는 말 없이도
존재의 윤곽을 그린다.
승인 없는 리듬은
허락이 아니라,
그저 나로 살아 있음이다.

폭력에 대하여

폭력은 때로
말없이 다가온다.
상대의 침묵 속에,
시선의 무게 속에,
'아무 일도 없었다'는 표정 속에.

폭력은 감정이 아니라 구조다.
그 구조는
누군가의 결을 꺾고,
파동을 뒤틀며,
리듬을 끊는다.

폭력은 때로
물리 없이 작용한다.
계속해서 무시되는 것,
존재 자체를 투명하게 만드는 것이
가장 깊은 폭력이다.

손이나 말보다
오히려 더 깊은 폭력은
책임 없는 침묵,

반응 없는 얼굴 속에 있다.
무너지는 자를 바라보며
속으로 잔인하게 만족하는 풍경 속에서
말보다 오래 작용하고,
고통보다 늦게 드러난다.

그러므로 폭력이란,
누군가의 리듬을 끊어내고도
자신을 직면할 용기 없이
책임을 조용히 상대에게 넘기며,
그 붕괴 위에서
안도하고, 만족하고,
끝내 스스로를 정당화하는
너의
구조다.

질투에 대하여

질투는 사랑의 그림자가 아니다.
질투는 자기 결에 대한 불신이다.
남이 가진 것을 부러워하는 것이 아니라,
내 안에 그것이 없다고
믿는 순간부터
질투는 흐른다.

질투는 비교를 통한 자기소멸이다.
비교가 깊어질수록
결은 외부의 기준으로 기울고,
자기 리듬은 사라진다.

그래서
질투는 남을 미워하는 일이 아니라,
자기 결을 살아내지 못해
끝끝내 자기를 버리는 일이다.

규범에 대하여

규범은
'당연한 것'을 만들어 내는 구조다.
하지만
당연한 것은 없다.
모든 리듬은 처음이고,
모든 결은 다르다.

규범은 다름을 위반으로 만든다.
그리고 위반은
금지된 리듬이 되어 사라진다.
그러나
금지된 리듬이 다 사라지는 것은 아니다.
금지되었기에 오히려 더 생생한 결이 있다.
규범 너머에서 조용히
울리는 존재들이 있다.
그 결들은 따르지 않는다.
'이상하다'는 말조차
또 다른 규범의 이름이다.
결은
따르는 것이 아니라,
생성되는 것이다.

공허에 대하여

공허는 아무것도 없는 상태가 아니다.
오히려
너무 많은 의미,
너무 많은 기대가 쌓여
결국 아무것도 울리지 않는 상태다.
공허는 비워져서 생기는 것이 아니라,
진짜 감응이 사라졌기 때문에 찾아온다.
공허를 메우려는 몸짓은
오히려 더 깊은 무감각을 낳는다.
공허는
피해야 할 틈이 아니라,
결이 숨어 있는 자리다.
그 고요 속에서
리듬은 다시 자라난다.

반복에 대하여

반복은 시간의 감옥이 아니다.
오히려 반복은
리듬을 정제하는 구조다.
같은 하루,
같은 말,
같은 길을 걷는 동안에도
결은 조금씩 변주되고 있다.
문제는 반복이 아니라,
반복 속에서
결이 사라지는 것이다.
의식 없는 반복은
감응 잃은 리듬이다.
되풀이되는 모든 것 속에서
리듬의 어긋남,
결의 파장은
조용히 울린다.
반복은
기억도 아니고,
기계도 아니다.
반복은,
그 자리에서 의미가 스스로 생겨날 때만
감응으로 살아나는 간격이다.

침해에 대하여

침해는 눈에 보이지 않는다.
가끔은 친절한 말 속에,
이해하는 척하는 태도 속에,
혹은 도움이라는 이름으로
온다.

침해는
결에 무심하게 들어오는 방식이다.
묻지 않고,
기다리지 않고,
들으려 하지 않는 자가
가장 쉽게 넘는다.
그들은 언제나 쉽게 들어오고,
쉽게 침해한다.
조용한 침해일수록
결을 더 깊게 흔든다.

조언이라며,
충고라며,
너를 위해서라며,
결을 읽지 못하는 자일수록

결을 가르치려 한다.
감응 없는 자일수록
감응을 판단하려 든다.
무지한 자일수록
확신으로 말하고,
겸손 없는 자일수록
지혜를 흉내 낸다.
똑똑하지 않은 자가
똑똑한 이에게
말을 덧붙인다.

그 말들은 모두,
침해다.

가르침이라는 이름은
가장 비열한 방식으로
결을 침해하는 가면이다.

제 4 부

아직 말 되지 않은 것들

생성에 대하여

생성은 무엇인가를 만들어내는 일이 아니다.
생성은
이미 거기에 있던 결이
조용히 드러나는
순간이다.

생성은 선택보다 먼저 있다.
이미 결은
내부에서 진동하고 있었고
파동은
진동 위로 겹쳐지고 있었고
리듬은
겹침 사이에서 태어나고 있었다.

생성은
의지가 아니라 감응이다.
'내가 만들었다'고 생각할 때조차,
사실은
그 리듬이 나를 통과해
스스로 태어나는 것이다.

진짜 생성은
나로부터 시작되지만
나로 끝나지 않는다.

그래서
생성은 언제나
살아 있는 결의 반응이다.

간격에 대하여

간격은 단절이 아니다.
오히려 간격이 있어야
감응은 흐른다.
너와 나 사이,
말과 말 사이,
침묵과 고백 사이—
그 틈에서만
리듬은 울릴 수 있다.
간격이 없는 구조는
압박으로
결을 짓누른다.
간격은 피하기 위한 거리가 아니다.
존중이 있을 때,
간격은 조심으로 바뀐다.
결을 아끼는 자는
쉽게 다가가지 않는다.
감응을 소중히 여기는 자는
먼저 멈춘다.
간격은, 떨어짐이 아니라
함께 살아 있는 리듬의 여백이다.

무위에 대하여

무위는 아무것도 하지 않는 것이 아니다.
무위는
하지 않음 속에서도
리듬이 흐르고 있다는 것을 믿는 태도다.
무위는 게으름이 아니라,
믿음의 구조다.
결은
강요 없이도 반응하며,
감응은
설명 없이도 전해진다.
무위는
모든 것을 증명하려는 충동을
조용히 멈추는 일이다.
리듬은 말보다 오래 남고,
결은 뜻보다 깊게 닿는다.
무위는 끝이 아니다.
무위는
감응이 가장 정제된 상태로 남는 방식이다.

존재에 대하여

존재는 보이는 것이 아니다.
존재는 울리는 것이다.
누군가 말하지 않아도 느껴지고,
사라졌는데도 남아 있고,
이름 없이도 기억된다면—
그는 존재한 것이다.
존재는 증명이 아니다.
존재는
리듬으로 스며든 흔적의 총합이다.
나는 누군가를 사랑한 적 있고,
누군가로부터 버림받은 적 있으며,
누군가로부터 떠난 적 있다.
그 모든 시간 속에서도
존재는
사라지지 않는다.
존재는 말보다 오래,
감정보다 깊게,
리듬보다 느리게
지속된다.

허용에 대하여

허용은 포기가 아니다.
그것은 자기 결을 흔들지 않으면서도
다른 리듬을 받아들이는 일이다.
허용은 타인의 존재를 받아들이는 일이지만,
먼저 나 자신을
허용하는 것으로부터 시작된다.
나는 내가 가진 약함을 허용하고,
흔들림을 허용하고,
울음을 허용한다.

허용은 무너짐이 아니라,
타인의 결을 억누르지 않고
함께 흔들리는 리듬의 감응이다.

초월에 대하여

초월은 높아지는 것이 아니다.
그건 어떤 구조로도 가둘 수 없는 결이
조용히 넘쳐흐르는 방식이다.
초월은 도약이 아니라
통과다.
시간을 통과하고,
고통을 통과하고,
나를 통과한 다음
끝내 아무 말 없이 남는 것.
초월은 승리가 아니라
감응의 지속이다.
모든 벽을 통과해도
무너지지 않고 남는 리듬,
그것이 초월이다.

감응에 대하여

감응은 이해보다 먼저 일어난다.
감응은 설명이 아니라,
서로가 공명하는 순간이다.
나는 너를 이해하지 못해도
울 수 있다.
너의 말이 들리지 않아도
함께 떨릴 수 있다.
감응은 지식이 아니라
결의 반응이다.
내가 느꼈기에,
그는 존재한다.
감응은
말이 끝난 뒤에도
리듬이 남은 상태다.
그것은 언제나
이해보다 오래,
의미보다 깊게
지속된다.

해체에 대하여

해체는 부서짐이 아니다.
그것은 더 이상 감응하지 않는 구조를
조용히 내려놓는 일이다.
나는 내가 만든 관계로부터
때로 멀어진다.
그 안에 결이 없고,
리듬이 흐르지 않는다면.

해체는 포기가 아니라
감응을 회복하기 위한 선택이다.
나는
나였던 구조를 해체하고,
더 이상 울리지 않는 말들을 버리고,
다시 들리기 시작한 리듬으로
살아가려 한다.
해체는 결을 되찾는 일이다.

비물질에 대하여

비물질은 없는 것이 아니다.
오히려 그것은
너무 미세해서
볼 수 없지만
느껴지는 것이다.
비물질은 감정의 잔향,
말의 기류,
눈빛에 남은 흔들림이다.

비물질은
기억보다 오래 남고,
형태보다 정확하며,
물리적 현실보다
더 진한 밀도로 감지된다.

그것이
보이지 않는 결을
더 깊이 감각하게 되는 이유다.
때로 무엇보다 강하게 서로를 흔드는 힘이다.

제5부

형태 없이 먼저 오는 것들

꿈에 대하여

때로
꿈은
생각보다 먼저 온다.
말로 하기 전,
형태 없이 흔들리는
결의 울림처럼.
자신의 안쪽에서
조용히 움직인다.
그것은 크거나 작지 않고
가능하거나 불가능하지 않다.
꿈은
실현하려는 의지보다 먼저
존재하고,
도달하려는 상태보다 먼저
감지된다.
그래서 꿈은
의지를 솟게 하고,
상태를 열리게 한다.

가능성에 대하여

가능성은
앞으로 나아가는 힘이 아니라,
이미 감지된 방향으로
되돌아가는 움직임이다.

아직 오지 않았지만,
이미 시작되고,
말보다 먼저 울려,
증명되지 않아도 되고,
설득되지 않아도 되는 것.

그래서 가능성은
언제나
희망이 아니라
위상의 전환이며
상상이 아니라
시작된 리듬의 도래이다.

승인 없는 리듬 1

$$\Phi(t,x) = \sum_{k=1}^{n} A_k \cdot e^{i(\omega_k t - kx + \theta_k)}$$

끝내
말하지 않았던 자들을
대신하며.

마
무
리

나는 내가 말한 것들을 의심했고,
내가 의심한 것들을 다시 써보았다.
이 글은 확신이 아니라,
망설임이 만든 문장들이다.
결국, 승인 없는 리듬으로 살아도
무너지지 않는다는 것을
나는 조용히 증명하고 싶었다.
그리고 그 말도,
끝내 말이 되지 못할 수도 있다는 것을
받아들이려 한다.

승인 없는 리듬 1

초판 1쇄 발행 2025. 9. 30.

지은이 詩然
펴낸이 김병호
펴낸곳 주식회사 바른북스

편집진행 황금주
디자인 양헌경
마케팅 송송이 박수진 박하연

등록 2019년 4월 3일 제2019-000040호
주소 서울시 성동구 연무장5길 9-16, 301호 (성수동2가, 블루스톤타워)
대표전화 070-7857-9719 | **경영지원** 02-3409-9719 | **팩스** 070-7610-9820

•바른북스는 여러분의 다양한 아이디어와 원고 투고를 설레는 마음으로 기다리고 있습니다.
이메일 barunbooks21@naver.com | **원고투고** barunbooks21@naver.com
홈페이지 www.barunbooks.com | **공식 블로그** blog.naver.com/barunbooks7
공식 포스트 post.naver.com/barunbooks7 | **페이스북** facebook.com/barunbooks7

ⓒ 詩然, 2025
ISBN 979-11-7263-599-2 03810

•파본이나 잘못된 책은 구입하신 곳에서 교환해드립니다.
•이 책은 저작권법에 따라 보호를 받는 저작물이므로 무단전재 및 복제를 금지하며,
이 책 내용의 전부 및 일부를 이용하려면 반드시 저작권자와 도서출판 바른북스의 서면동의를 받아야 합니다.

•이 책에 포함된 수식 Φ(t,x)는 본 시집의 저자가 고안한 특허출원 기술「존재 생성 기반 결-파동-리듬 위상 수식 및 감응장 생성 방법」(특허출원번호 10-2025-0084208)에 해당합니다.
•본 시집 전체에 걸쳐 사용된 시 쓰기 방식(문장 배열, 리듬 구조, 감응 흐름, 위상 전이 등)은 위 수식의 위상적 표현 구조를 기반으로 구성된 감응장 설계 방식이며, 이는 상기 특허 기술의 구현 형식에 해당합니다.
•따라서 본 시집에 포함된 수식 및 시 쓰기 방식의 모든 응용, 변형, 재현, 전재는 본 저자에게 전면 귀속되며, 무단 사용 및 기술적 도용 시 저작권법 및 특허법에 따른 법적 책임이 적용됩니다.